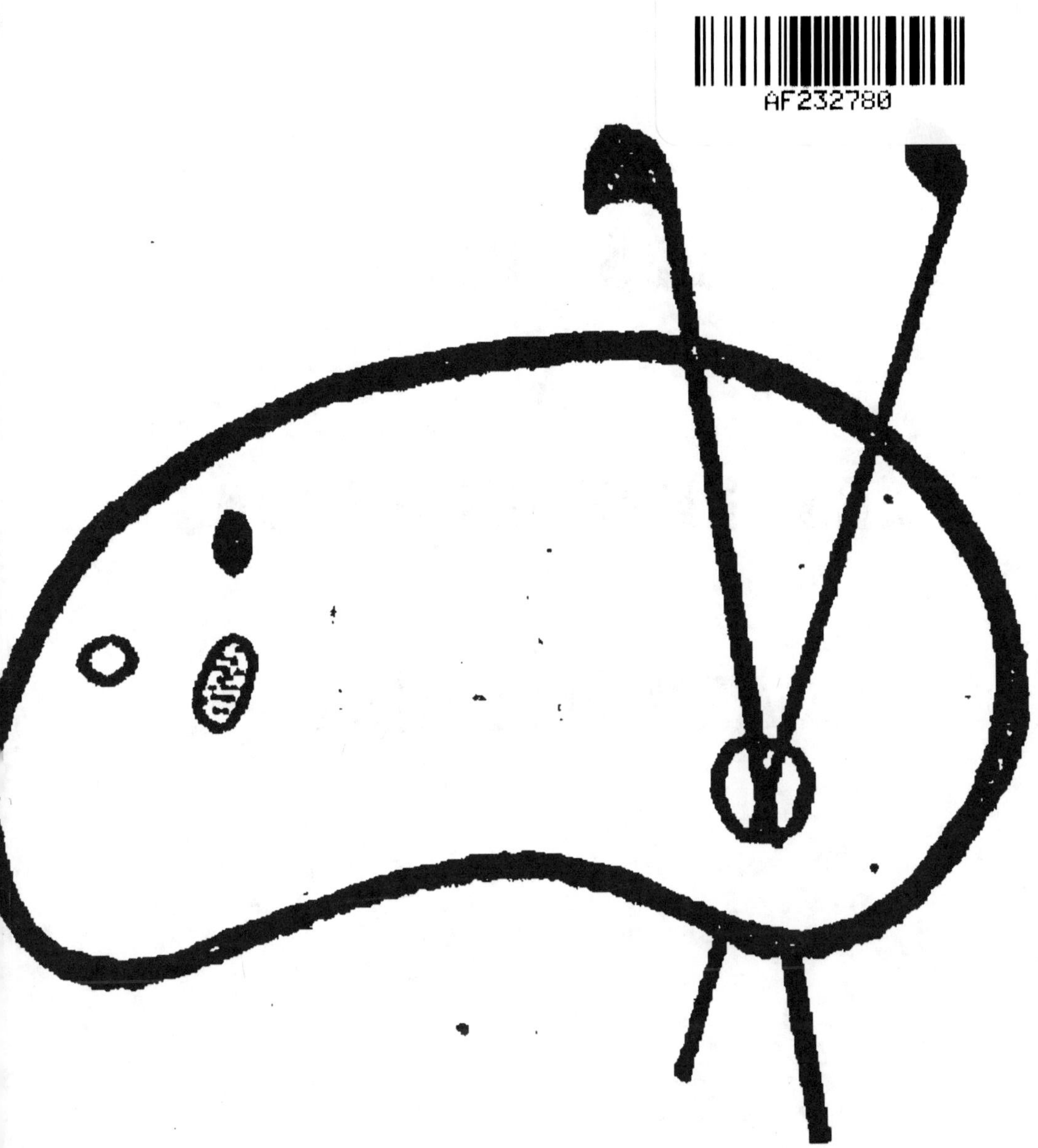

DEBUT D'UNE SERIE DE DOCUMENTS
EN COULEUR

LES TURCS

ET

LES REVENDICATIONS ARMÉNIENNES

IMPRIMERIE A.-G. L'HOIR
26, rue du Delta, 26.
PARIS

—

1919

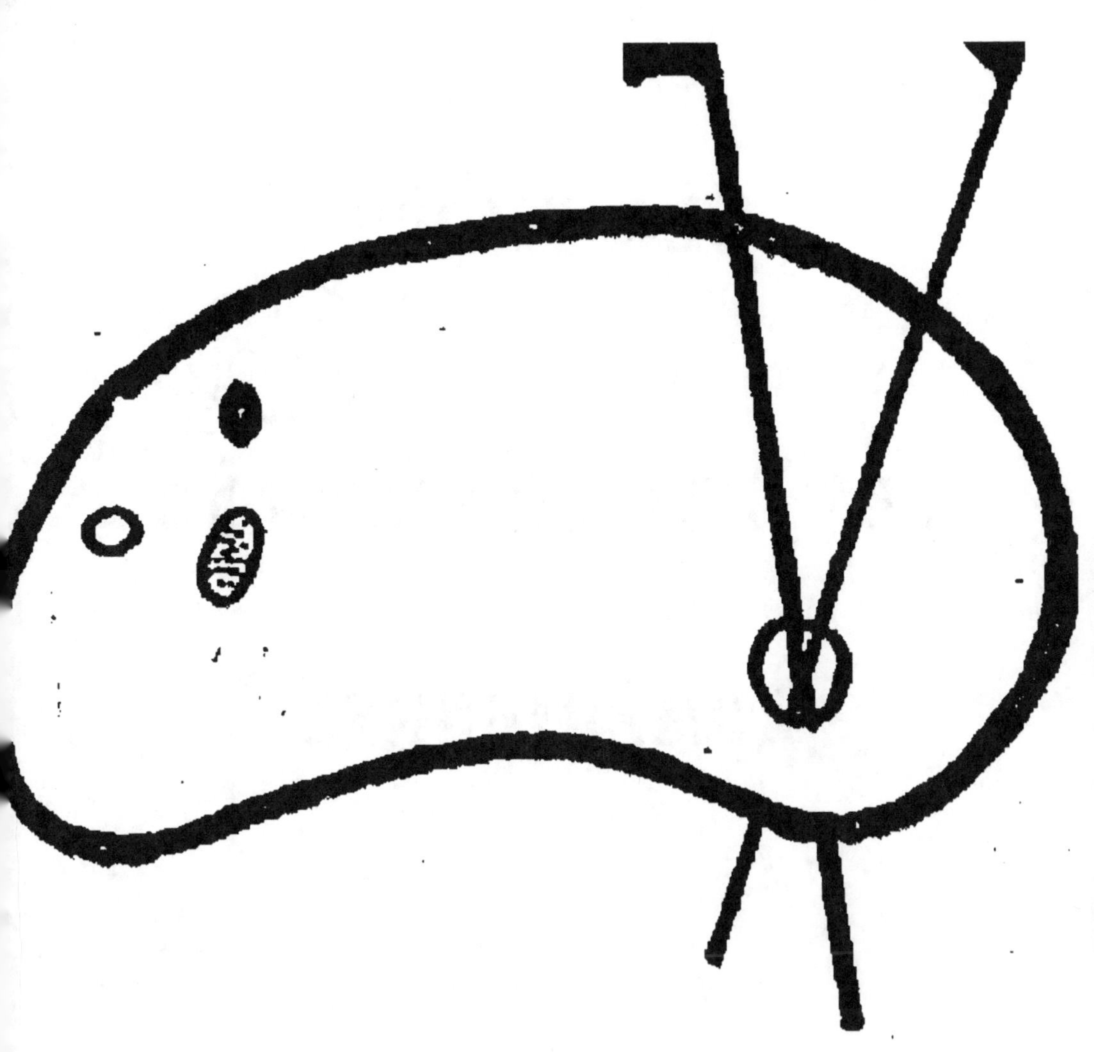

FIN D'UNE SERIE DE DOCUMENTS
EN COULEUR

LES TURCS

ET

LES REVENDICATIONS

ARMÉNIENNES

IMPRIMERIE A.-G. L'HOIR
26, rue du Delta, 26
PARIS
—
1919

Les Turcs
et les Revendications Arméniennes

Parmi les différents problèmes des nationalités qui se posent en Turquie, celui qui se rattache aux revendications arméniennes exige une étude des plus minutieuses si on veut lui donner une solution juste, satisfaisante et durable. On sait qu'il n'y a pas, en Turquie, une Arménie peuplée en majorité d'Arméniens; ceux-ci, enclavés dans quelques provinces limitrophes des trois Etats voisins, la Turquie, la Russie et la Perse, y vivent disséminés au milieu d'une grande majorité musulmane représentée par des Turcs et Kurdes en Turquie, par des Tartares, Tcherkesses et Géorgiens en Russie, et les Persans en Perse. Cette dispersion de la race arménienne, conséquence des conquêtes multiples, successives, et commencée dès le septième siècle, nécessite un examen approfondi des éléments constitutifs de la composition ethnique de ces contrées.

Nous ne contestons pas le droit des Arméniens à une vie nationale autonome, à l'indépendance politique; non (1). Mais nous estimons cependant que la création de l'Etat arménien, tout en répondant aux aspirations et aux besoins légitimes des Arméniens, ne doit pas aller à l'encontre des droits légitimes et des intérêts vitaux d'autres peuples. La réconciliation tant désirable de ces races appelées à vivre les unes à côté des autres, et la tranquillité dont ces régions sont assoiffées depuis si longtemps, dépendront surtout de la façon dont on réglera ce problème. La prévoyance politique ainsi que l'esprit de justice des hommes d'Etat responsables du sort futur de l'humanité, nous autorisent à espérer que les droits imprescriptibles d'aucune nation ne seront sacrifiés aux ambitions illégitimes et aux exigences démesurées et injustes d'une autre.

(1) Sous le ministère libéral Kiamil pacha, notre gouvernement avait même élaboré un projet de large autonomie pour le peuple arménien.

LES REVENDICATIONS ARMENIENNES

Les délégués arméniens revendiquent, pour le futur Etat arménien, en plus des territoires russes peuplés d'Arméniens et des sept vilayets ottomans de Van, Bitlis, Diarbekir, Kharpout, Sivas, Erzéroum et Trébizonde, la Cilicie avec les ports de Mersine et d'Alexandrette. L'Arménie comprendrait ainsi toute la partie orientale de l'Asie-Mineure, à partir du Taurus et de la plaine de Sivas et formerait un vaste empire s'étendant du Caucase à la Cilicie, à la Méditerranée, et de la Mer Caspienne à la Mer Noire. Il serait intéressant de comparer ces revendications avec les limites dont se réclame l'Arménie historique et avec l'importance numérique de la race arménienne tout entière au nom de laquelle elles sont formulées.

Mommsen, dans son histoire romaine, place l'Arménie entre les sources de l'Euphrate et du Tigre, et celle du Kur qui la sépare de la Géorgie. Dans l'Encyclopédie anglaise de Nuttalls, on dit de l'Arménie : « Un pays dans l'ouest de l'Asie et à l'ouest de la Mer Caspienne, au nord des montagnes du Kurdistan, divisé entre la Turquie, la Russie et la Perse, occupant un plateau sillonné par des vallées fertiles qui culminent sur le Mont Ararat. »

Dans le projet de règlement organique pour l'Arménie turque présenté au Congrès de Berlin par la délégation arménienne, on lit que : « L'Arménie turque comprend les vilayets d'Erzéroum et de Van, la partie septentrionale du vilayet de Diarbékir, c'est-à-dire la partie orientale du sandjak de Kharpout (ayant pour frontière, du côté de l'ouest, l'Euphrate), le sandjak d'Arghana, et la partie septentrionale du sandjak de Segherte, qui forme la partie turque de l'Arménie majeure. »

On voit que les exigences actuelles des Arméniens ont fait beaucoup de chemin. Si les Arméniens invoquent des droits à la plus grande Arménie, parce qu'au temps de Tigran, cinquante ans avant Jésus-Christ, ils ont conquis un vaste empire, ils oublient d'ajouter intentionnellement que ces territoires qui appartenaient à l'Empire romain, furent tous reconquis par Pompée du vivant même de Tigran. Il est évident que cette conquête éphémère ne peut leur conférer des droits permanents, et que la grande Arménie, peuplée également d'autres races autochtones, n'a jamais été le berceau ethnique, ni la vraie patrie des Arméniens.

DONNEES ETHNIQUES

D'après les chiffres fournis par les délégués arméniens, la race arménienne serait représentée à la surface du globe par quatre millions d'âmes environ, répartis de la façon suivante :

1.200.000 en Turquie (dont 700.000 seulement dans les provinces limitrophes de la Russie) ;

1.800.000 en Russie (dont 1.300.000 seulement seraient rassemblés dans l'Arménie russe proprement dite) ;

823.000 Arméniens établis dans divers pays du monde.

D'après ces données de source arménienne, l'Etat arménien comptera deux millions d'Arméniens environ. Quant à l'importance numérique des turco-kurdes que l'Arménie s'assujettirait si elle se formait dans les limites revendiquées par la délégation arménienne, il suffit de jeter un coup d'œil sur le tableau suivant (ces chiffres sont puisés au tableau de recensement dressé par le gouvernement turc en vue du recrutement militaire, immédiatement avant la guerre mondiale) pour s'en rendre compte :

VILAYETS	TURCS	ARMÉNIENS
Erzéroum	673.297	125.657
Van	179.380	67.792
Bitlis	309.999	114.704
Diarbékir	492.101	55.890
Kharpout	446.379	76.070
Sivas	939.735	143.406
Adana	341.903	50.139
Trébizonde	921.128	37.549
Total	4.603.922	671.207

Il résulte de ces chiffres que, dans le nouvel Etat arménien, une majorité de 4.603.922 turco-kurdes sera soumise à une minorité de moins de 700.000 Arméniens. Les autres Arméniens de la Turquie, ceux, par exemple, d'Angora, de Brousse, de Constantinople, iront-ils habiter l'Arménie autonome? C'est fort douteux, et même dans ce cas, la majorité turco-kurde serait encore écrasante. N'est-il pas évident qu'aucun principe ne permet une pareille solution.

On ne peut mettre sur le compte des massacres cette situation ethnique; les Arméniens ont toujours été en minorité dans les provinces ottomanes et n'y ont jamais formé une agglomération homogène étendue. Si l'on était amené à supposer (comme certains de nos détracteurs cherchent à l'insinuer), que les statistiques de source turque sont dressées en faveur de l'élément turc, on peut consulter les indications de source étrangère, sans parler de la possibilité de vérifier, sur place, les chiffres ci-dessus énoncés.

Le Livre Jaune publié sur les affaires arméniennes (1893-1897), bien avant la guerre mondiale, donne sur la proportion des Arméniens, par rapport à la totalité de la population, les chiffres suivants :

Sivas	17 0/0	Kharpout	12 0/0
Erzéroum	30 0/0	Diarbékir	17 0/0
Bitlis	33 0/0	Van	19 0/0

M. G. Hanotaux, ministre des Affaires étrangères de France, déclarait, à la Chambre des députés, le 3 novembre 1896 : « Dans les provinces turques, qui, seules, sont en cause à l'heure présente, d'après les statistiques que nous avons entre les mains, la population arménienne ne représente certainement pas une proportion de plus de 13 0/0 des habitants. Dans les vilayets d'Asie, leur répartition est d'ailleurs faite inégalement, tantôt plus dense, tantôt plus disséminée. » (*Journal officiel de la République française*, 4 novembre 1896, pages 1357-1358.)

En 1895, le prince Lobanoff, ministre des Affaires étrangères de Russie, a officiellement affirmé que les Arméniens sont en minorité dans l'Empire ottoman.

Edouard Driault confirme ces indications dans son ouvrage (*La Question d'Orient*, page 246) : « Dans aucun vilayet de l'Empire ottoman, dit-il, ils (les Arméniens) ne forment la majorité de la population ».

Le patriarche arménien, Mgr. Ormanian, dans son ouvrage *L'Eglise arménienne*, confirme également ces données.

Enfin, *Le Temps*, organe de la campagne antiturque (27 février 1919), reproduisant les chiffres donnés par un auteur arménophile (1), constate lui aussi que : « les Arméniens sont en minorité dans les cinq vilayets ottomans d'Erzéroum, Bitlis, Kharpout, Diarbékir et Sivas. Dans celui de Van seulement, ils ont une faible majorité, 185.000 Arméniens sur un total de 350.000 habitants. Quant au vilayet de Trébizonde, on ne pensait pas alors à le revendiquer pour l'Arménie, mais une carte que la délégation arménienne connaît sans doute, fournit quelques indications sur les diverses nationalités qui vivent là. Dans la région centrale, on compte 20.000 Arméniens, et dans la région orientale, 5.000 Arméniens seulement. »

L'accord est donc unanime en ce qui concerne la composition ethnique des provinces ottomanes où la minorité arménienne est enclavée, disséminée au milieu d'une grande majorité turco-kurde.

Dans ces conditions, on se demande si les revendications arméniennes, telles qu'elles ont été formulées par la délégation arménienne et visant à la création d'un vaste empire, sont compatibles avec la situation géographique et la composition ethnique de ces régions. Est-il juste, est-il équitable, est-il

---

(1) Marcel LÉART, *La Question arménienne.*

même possible de soumettre définitivement 80 0/0 de turco-kurdes à 20 0/0 d'Arméniens? La réponse ne peut être que négative, car une telle solution, loin de résoudre, aggraverait et envenimerait le problème : on substituerait à la question arménienne, en Turquie, une plus grave question turco-kurde en Arménie; on créerait, pour ainsi dire, une Arménie anormale, source de discordes et de conflits perpétuels.

Pour nous, qui désirons sincèrement que les aspirations légitimes du peuple arménien soient satisfaites et réalisées dans l'intérêt commun des deux partis, il ne peut y avoir qu'une seule solution juste et acceptable pour tous, et c'est le principe des nationalités qui doit la commander. Comme le constate M. G. Hanotaux, la répartition des Arméniens est faite inégalement, tantôt plus dense, tantôt plus disséminée, et, comme le fait remarquer le général russe Mayewsky, dans les cazas qui composent les vilayets de Van et de Bitlis, il y en a où la majorité appartient aux Arméniens. Il en est peut-être de même de certaines parties méridionales du vilayet d'Erzéroum limitrophes de Van où les Arméniens présenteraient une masse assez compacte. D'autre part, la division administrative des vilayets ne correspond nullement à la répartition ethnique des populations. Dans ces conditions, ne pourrait-on envisager l'envoi d'une commission chargée de faire une étude et une enquête sur place en vue de déterminer et de délimiter les territoires ottomans à majorité arménienne, pour en être découpés et attribués à l'Etat arménien. La même commission pourrait être, en même temps, chargée de délimiter les territoires devant revenir aux Kurdes si la Conférence de la Paix, comme il semble probable, était disposée à prendre en considération les revendications nationales des Kurdes, aussi légitimes que celles des Arméniens. Toute solution formulée sans avoir préalablement recours à cette enquête indispensable pour les raisons que nous venons d'indiquer et seule capable d'établir la vérité, ne pourrait être qu'arbitraire, laissant place à des controverses et à des luttes interminables.

LES RESPONSABILITES
DE LA TRAGEDIE TURCO-ARMENIENNE

A côté et au-dessus de ce problème territorial, se pose l'angoissante question des responsabilités des événements sanglants qui se sont déroulés en Turquie d'Asie et qui ont fait frémir d'indignation et d'horreur le monde entier. L'humanité a le droit et le devoir d'apprendre la vérité, toute la vérité, dans cette tragédie turco-arménienne, de savoir quels sont les criminels auteurs de ces monstruosités innommables, et d'exiger, enfin, au nom des principes les plus sacrés qu'elle doit observer, le châtiment exemplaire des coupables, aussi haut placés qu'ils soient, et des réparations légitimes, tant matérielles que morales, qui sont dues aux victimes. L'humanité entière se doit à elle-même la vérité avec toutes les sanctions qu'elle comporte, non seulement à cause de la conception sublime, divine, qu'elle se fait de la vie humaine, mais encore, pour la mémoire chérie et vénérée des glorieux héros tombés pour la cause de la justice. Sans ces sanctions pénales, il faudrait considérer l'idée de justice comme un mot dépourvu de toute signification, et présumer que notre société restera toujours sans action, sinon indifférente devant un pareil crime de lèse-humanité.

Pour bien se rendre compte de la nature réelle de ces événements et de leurs causes initiales, il est indispensable de jeter un coup d'œil rapide sur la question arménienne depuis ses origines jusqu'à nos jours. Comment et quand naquit le problème arménien? Il n'existait pas jusqu'en 1876; Turcs et Arméniens vivaient, jusque-là, en fort bonnes relations, et une grande confiance régnait entre ces deux races également d'origine asiatique et de mœurs rapprochées. Lorsque les Turcs, jadis seuls astreints au service militaire, partaient en guerre, c'est aux Arméniens qu'ils confiaient leurs femmes et leurs biens. Les Arméniens n'inspiraient aucune méfiance aux gouvernants turcs qui leur avaient donné le nom de : « Milleti sadika (nation fidèle) »; on peut même dire que si les Arméniens ont connu une période de tranquillité dans leur histoire, après les conquêtes et les persécutions successives qu'ils ont subies de la part des Assyriens, des Mèdes, des Perses, des Romains, des Arabes et des Mongols, c'est bien pendant les six siècles de domination ottomane jusqu'il y a une trentaine d'années (1).

Les sultans ottomans accordèrent aux Arméniens des privilèges que ne leur avaient pas reconnus les Byzantins. Les ancêtres osmanlis ne molestèrent pas du tout le peuple arménien. A titre de documents, qu'on nous permette de recourir aux témoignages de ceux-là même qui défendent la cause arménienne avec une ardeur toute particulière. M. Herbert Adams Gibbons

(1) « L'anarchie, qui n'avait fait que croître pendant quatre siècles, fut finalement arrêtée par l'établissement de la puissance Osmanli : depuis 1514, la grande majorité de la nation arménienne a été assujettie à l'empire des Osmanlis. Il est vrai que la province d'Erivan fut reprise par les Persans au XVIII° siècle et gardée par eux jusqu'au jour où elle fut cédée à la Russie (1834). Mais, à part cette exception, toute l'Arménie resta sous la domination des Osmanlis jusqu'à la prise de Kars par les Russes après la guerre de 1878. Ces siècles d'union et de pacification profitèrent après tout à l'Arménie, mais, à partir de 1878, commença une ère nouvelle et sinistre dans les rapports de l'empire ottoman et de la nation arménienne. » (Pages 70-71, *Le traitement des Arméniens dans l'Empire ottoman (1915-16.) Extrait du Livre Bleu du Gouvernement britannique.*

écrit : « Les Arméniens ont certes toujours souffert, de par leur seule situation sociale et politique, sous la domination musulmane. Ils ont pourtant vécu pendant des siècles, comme sujets ottomans, dans une sécurité relative et même dans des conditions de prospérité. Les relations personnelles entre Turcs et Arméniens n'étaient nullement mauvaises. J'eus l'occasion de le constater en divers points de la Turquie. Les Turcs ne sont pas, comme les Arabes, un peuple fanatique de nature. La persécution et les massacres d'Arméniens ne sont pas une très vieille question de lutte religieuse, comme Européens et Américains, en général, se le sont figuré par erreur. Encore moins ces atrocités ont-elles pour motif le fait que les Arméniens seraient des prêteurs d'argent, pressurant à l'excès les pauvres Turcs simples d'esprit, comme l'ont trop souvent avancé ceux qui ont eu l'audace de vouloir expliquer et excuser le forfait. »

« La réfutation de la première de ces croyances répandues dans le public, est que les grands massacres n'ont eu lieu que depuis un quart de siècle, tandis qu'Arméniens et Turcs ont vécu côte à côte en Asie-Mineure depuis près de sept siècles. » (1)

Quel est donc le mobile essentiel, le *primum movens* de ces événements? La raison fondamentale invoquée d'abord était le fanatisme religieux. Cette raison paraissait d'autant plus plausible, que les préjugés enracinés dans les esprits depuis des siècles sur l'intolérance et la cruauté de l'infidèle à l'égard du chrétien, lui donnaient une apparence de probabilité. En réalité, il n'en est rien, et bien que dans beaucoup de milieux on soit absolument fixé à ce sujet, il n'est pas inutile de réfuter, une fois pour toutes, cette hypothèse qui a l'air de simplifier tout, mais qui continue à entretenir une déplorable erreur.

En effet, si ces horreurs avaient été commises par fanatisme, et au nom de la religion, tous les chrétiens, et non pas les seuls Arméniens, auraient dû en être indifféremment victimes; et les faits sont là pour attester que, chaque fois, les chrétiens non-arméniens et même les Arméniens catholiques ont été épargnés. Au surplus, les Turcs, même à l'apogée de leur puissance militaire, alors qu'ils pouvaient impunément exterminer les chrétiens conquis par eux, ne les ont ni massacrés ni convertis (exception faite, bien entendu, des cas isolés inévitables) ; ils ont, au contraire, respecté leur foi, leur langue et leurs institutions. De même, on ne peut incriminer leur nationalisme, car, non seulement tous les chrétiens, mais aussi toutes les nationalités non-turques, sans distinction de religion, auraient subi le même sort : ce qui ne fut le cas

____

(1) Herbert Adams Gibbons, *Les derniers massacres d'Arménie*, pages 32-33.

pour aucune d'elles. On peut donc dire avec M. Gibbons : « *qu'il a été démontré qu'il n'y a jamais eu et qu'il n'y a aujourd'hui encore aucune raison de fanatisme musulman contre la race arménienne* » (1).

M. René Pinon (2) avance une hypothèse gratuite lorsqu'il affirme que : « les Turcs haïssent les Arméniens pour leur religion, pour leur supériorité intellectuelle et leur aptitude à une culture plus affinée, pour leur habileté au négoce et aux métiers lucratifs » ; dans l'histoire des relations entre Turcs et Arméniens, toutes faites de confiance et de loyauté réciproques, pendant plus de six siècles, on ne trouve nulle part aucune preuve de haine religieuse. M. Gibbons qui, tout comme M. René Pinon, défend aussi les Arméniens, mais qui, ayant séjourné longtemps en Turquie d'Asie, a eu l'occasion d'étudier et de juger les choses de plus près, est, comme on vient de le voir, de notre avis. Quant à la supériorité intellectuelle des Arméniens et à leur aptitude à une culture plus affinée que le Turc, invoquées par M. René Pinon comme cause de conflit, il faudrait, tout d'abord, prouver cette supériorité et cette aptitude (ce qui est loin d'être fait) avant de soutenir qu'elles constituent quelques-unes des causes que l'on invoque. En admettant même cette supériorité, il est à remarquer que chaque fois qu'elle s'est manifestée individuellement, elle a été consacrée par des honneurs, des distinctions et des fonctions. C'est ainsi que la Sublime-Porte recrutait des ministres, des conseillers, des hauts fonctionnaires, des ambassadeurs et des professeurs parmi les Arméniens doués et capables. Est-ce ainsi qu'on traite les gens détestés pour leur supériorité ou leurs aptitudes ? Quant à l'habileté de l'Arménien au négoce et aux métiers lucratifs, nous sommes d'accord avec M. René Pinon. Il est vrai que le Turc de la campagne est cultivateur, et ne s'adonne pas au commerce ; il est du reste, sobre, simple, résigné, et ses besoins se résument en peu de choses ; il n'a ni ambition ni le désir de s'enrichir. Le Turc citadin préfère les situations administratives ; cependant, depuis un certain nombre d'années, on remarque un fort courant d'opinion en faveur des situations indépendantes dans les principaux centres. Nous ne voyons pas pourquoi et comment cet état de choses donnerait naissance à la haine invoquée, d'autant plus, comme le dit si justement M. Gibbons, que : « les tueries n'ont pas été le privilège des plus grandes villes où se trouvent en grand nombre les Arméniens aisés, mais se sont toujours produites exactement de la même façon, exactement avec la même intensité dans des centres où les Arméniens étaient à la fois très ignorants et très pauvres » (3).

Ajoutons, en outre, qu'avec l'hypothèse de M. René Pinon, on ne s'expli-

(1) *Loc. cit.*, p. 37.
(2) *La suppression des Arméniens*, RENÉ PINON, p. 14.
(3) *Loc. cit.*, p. 33.

que pas pourquoi des causes aussi permanentes sont restées inopérantes, pendant des siècles, et ont agi d'une façon intermittente et si violente depuis seulement un quart de siècle.

AMICUS PLATO SED MAJIS AMICA VERITAS

Le fanatisme religieux des Turcs est donc une légende que leurs détracteurs ont très habilement exploitée en réveillant de vieux préjugés dont le monde occidental ne s'est pas encore libéré : circonstance atténuante pour les esprits de bonne foi qui s'acharnent dans leur ignorance, comme les dévôts dans leurs superstitions.

A la vérité, c'est à des causes politiques qu'il faut attribuer toute la question arménienne dont on peut dire qu'elle prend sa source dans ce qui fut l'empire des tzars. Tout le monde sait que, depuis Pierre le Grand, la Russie n'a pas cessé de molester notre pays en lui suscitant des guerres avec ses provinces vassales. Sous prétexte de les libérer du joug de « l'infidèle », elle se donnait à elle-même des raisons d'intervention pour des fins égoïstes; et lorsque la victoire de ses protégés ne lui paraissait pas lui donner les résultats qu'elle en attendait, elle ne reculait pas devant une attaque directe, au risque de provoquer un conflit général : la guerre de Crimée et celle de 1877 furent les deux dernières manifestations de cet esprit d'entreprise. Mais le traité de Berlin étant venu la frustrer des fruits de sa victoire, la Russie rongea silencieusement son frein, attendant une occasion favorable.

Pour se consoler de ses déboires, elle tourna ses regards du côté asiatique où les Arméniens, ou pour mieux dire, certains comités révolutionnaires arméniens lui préparaient le terrain en s'inspirant des mêmes moyens de propagande que les Bulgares, par exemple, lorsqu'en 1876 ils ameutèrent le monde entier contre les Turcs (1).

C'est vers le troisième quart du siècle dernier qu'une entente tacite, d'abord, avérée ensuite, s'établit entre les révolutionnaires arméniens et le

(1) Quoi de plus instructif que l'attitude prise par ces mêmes Bulgares dans la guerre mondiale? Alors que, pendant longtemps, ils représentaient l'élément le plus militant en Turquie d'Europe contre le peuple turc, et que dans la guerre des Balkans ils étaient à la tête des croisés, ils n'ont pas hésité, cette fois-ci, à se ranger aux côtés des Turcs parce que ces derniers ne détenaient plus les territoires qu'ils convoitaient. Quelle preuve plus éclatante que cet exemple de la Bulgarie pour démontrer qu'au fond de tous ces conflits sévissant d'une façon chronique dans ces pays, il n'y a, en somme, que des convoitises territoriales.

gouvernement russe, notamment après l'affranchissement des provinces turques d'Europe, dont la libération avait tourné les cervelles de quelques intellectuels arméniens assoiffés d'indépendance. L'exemple et le succès des sujets slaves de la Turquie les grisa au point qu'ils se crurent en droit, eux aussi, de nourrir de vastes pensées et de grands espoirs; mais conscients que, par leurs propres moyens, ils seraient impuissants à atteindre leur but, ils firent ce qu'avaient fait les Bulgares, les Roumains, les Serbes, c'est-à-dire, ils comptèrent surtout sur la Russie dont ils sollicitèrent une aide secrète pour des fins communes en lui faisant miroiter l'annexion de l'Arménie dite turque. Leur proposition si adéquate à l'idée panslaviste faisait le jeu du gouvernement du tzar qui entrevoyait déjà en Asie-Mineure des compensations et des consolations à l'échec de sa politique dans les Balkans, où il avait récolté beaucoup d'ingratitude en échange des nombreux sacrifices qu'il y avait consentis pour la libération de ses frères de race.

Cependant, une entreprise de libération devenait difficile devant l'indifférence générale que les Arméniens opposaient à la création d'un royaume national dont ils reconnaissaient d'ailleurs, d'accord en cela avec les hommes d'Etat d'Occident, l'impossibilité vu leur répartition ethnique non homogène. Il fallait procéder avec prudence, préparer les esprits, jeter le trouble dans les rapports amicaux qui avaient régné jusque-là entre Turcs et Arméniens; présenter les uns comme des bourreaux et les autres comme des agneaux innocents. Mais tout cela ne s'improvise pas en un jour; le concours du temps, une préparation de longue haleine, une opération souterraine s'imposaient; la patience n'est-elle pas une des vertus du termite dont le travail d'élaboration lente prépare des catastrophes. Pour établir un trait d'union entre les Arméniens de Turquie et ceux de Russie, on s'adressa d'abord au *catholicos* d'Etchmiazin : c'était là le siège où devaient se tramer toutes les intrigues secrètes et se cuisiner les événements qu'on se proposait de faire exploser en temps et lieu voulus. La génération présente étant satisfaite de son sort, c'est à la jeunesse qu'il fallait s'attaquer pour la préparer à l'action. Profitant de la tolérance des Turcs à l'égard des religions et de l'indépendance ecclésiastique complète de la communauté, le clergé arménien inaugura dans ses écoles et dans ses églises, où jamais l'autorité gouvernementale turque n'intervenait, un enseignement nouveau, subversif de l'ordre de choses admis jusque-là et provoquant dans l'âme des enfants des aspirations nationales qu'on légitimait avec des histoires créées de toutes pièces, ou amplifiées, sur le passé jadis glorieux des Arméniens. C'est un général russe, Mayewsky, qui écrivait à son gouvernement : « *Quant au clergé arménien, ses efforts au sujet de l'enseignement religieux sont nuls. Par contre, les prêtres arméniens ont beaucoup travaillé à cultiver les idées nationales. Dans l'intérieur des couvents mystérieux, l'enseignement de la haine du*

Turc prit la place des dévotions. Les écoles et les séminaires contribuèrent largement à cette œuvre des chefs religieux » (1).

Cependant, du fait même qu'elles étaient factices et viciées dans leurs origines historiques, toutes ces excitations ne pénétrèrent pas les masses; elles demeurèrent à fleur de peau.

Après la guerre russo-turque, qui amena la libération des slaves balkaniques, les menées subversives, jusque-là secrètes, des intellectuels Arméniens, franchirent le seuil du siège épiscopal et les antres scolaires, pour se diffuser au grand jour et prendre l'offensive : ce fut la première entrée officielle sur la scène politique des Arméniens qui avaient opéré jusque-là, dans le secret des Comités. Une délégation ayant à sa tête le patriarche Nersès Varzabédian, va demander aux Russes victorieux de vouloir bien intervenir en Turquie en faveur de l'élément arménien, comme il était intervenu en faveur des Slaves par lui libérés : on voit se dessiner la trame et le complot. Et c'est au moment même où notre ennemi commun, aux Turcs et aux Arméniens, est aux portes de notre capitale, à San Stéfano, au moment où les Turcs pleurent leur défaite et leurs morts, que cette délégation sollicite de la Russie l'indépendance des « provinces arméniennes » ou, à défaut, son contrôle.

Cette démarche officielle eut pour effet de faire insérer dans le traité de Berlin, ce fameux article 61 qui, dans l'esprit de ses auteurs ou de ses inspirateurs, devait constituer moins un gage de réformes pour l'Arménie qu'un prétexte à interventions (ainsi que les événements ultérieurs se chargeront de le prouver), pour la Russie dont l'appétit formidable, non satisfait dans les Balkans, cherchait une proie dans d'autres régions. Son attitude à l'égard de la race arménienne fut d'ailleurs pleine de contradictions et de duplicité. Pendant longtemps persécutrice des Arméniens (2) vivant chez elle, elle s'érigea en protectrice ostensible de ceux habitant la Turquie, elle encouragea en sous-main leurs revendications nationales dont elle escomptait pour elle-même les meilleurs profits : plus tard, en effet, n'a-t-on pas vu la politique d'expansion russe en Asie se donner libre cours et profiter de tous les incidents nés ou créés dans ces régions pour asservir jusqu'à la Perse elle-même. A la veille de la guerre mondiale, elle en avait déjà annexé une bonne partie.

(1) Statistique des provinces de Bitlis et de Van. Rapport du général Mayewsky.
(2) Peu avant la guerre russo-japonaise, le gouvernement du tzar avait décrété la fermeture, en Russie, des églises arméniennes, dont on séquestra les trésors; et sous prétexte qu'il ne devait pas exister deux religions orthodoxes en Russie, on abolit la liberté religieuse de toute la communauté. En même temps, de connivence et avec l'aide des autorités russes, eurent lieu de terribles massacres d'Arméniens.

Exploitant cette situation, tablant sur les ambitions de la Russie, les meneurs arméniens, de leur côté, redoublèrent d'activité, mais en donnant à leur action une forme nouvelle : la propagande par le fait (I).

Des moyens pacifiques, ils passaient sans transition, aux moyens révolutionnaires, aux procédés anarchistes les plus purs tels qu'ils avaient été préconisés par Ravachol : la bombe. Mais n'anticipons pas. Deux comités, devenus depuis lors fameux, le Drochak et le Hintchak se révélèrent alors au monde, non sous leur forme véritable de terroristes, mais sous celle d'associations politiques. Leurs chefs qui avaient des lettres, savaient bien qu'une entreprise du genre de celle qu'ils poursuivaient, de créer une Arménie indépendante, exigeait une préparation tant à l'intérieur du pays, comme à l'étranger, une atmosphère favorable, une ambiance sympathique.

Dans ce but, en France, en Angleterre, en Amérique, ils répandirent des brochures par milliers, où le Turc était dépeint comme un fanatique cruel, sans foi ni loi, prêt à toutes les basses besognes, pétri de vices, etc... Tout ce déluge de calomnies et d'injures tombait sur une terre que les préjugés religieux avaient déjà ensemencée; aussi le grain leva en une moisson abondante.

A l'intérieur du pays, une telle propagande avait moins de chances de succès, parce que la nation arménienne, qui vivait paisiblement et en bonne harmonie avec le reste de la population, y aurait répondu par un franc rire qui eût résorbé la cause des meneurs. Aussi, la tactique des révolutionnaires « patriotes » prit, en Turquie, une forme plus sensible, qui devait leur procurer des résultats avantageux à tous les points de vue : la bombe, la bombe vengeresse des « persécutions » endurées avant même que de naître, puisqu'en vérité les massacres arméniens vont suivre cette propagande par le fait dont les bombes lancées à la Banque Ottomane furent la première manifestation.

« Avant de rejeter sur les Turcs toute l'horreur de ces massacres de 1896, il faudrait d'abord oublier avec quelle violence le « parti révolutionnaire arménien » avait commencé l'attaque. Après avoir annoncé l'intention de mettre le feu à la ville, qui, « à coup sûr, disaient les affiches effrontément placardées, serait bientôt réduite à un désert de cendres » (sic), un parti de jeunes conspirateurs s'était emparé de la Banque Ottomane pour la faire sauter, tandis que d'autres mettaient en sang le quartier de Psam-

(I) A cette époque, dit M. H. A. GIBBONS, comme conséquences d'un régime de persécutions et d'injustices intolérables, certaines organisations de jeunes gens, composées d'exaltés, comme on dit en France, s'étaient formées en sociétés secrètes, à l'instar des organisations intérieures en Russie, et avaient créé une agitation, soit dans l'Empire ottoman, soit à l'étranger, pour obtenir un traitement plus équitable en faveur des Arméniens et des autres chrétiens. Plusieurs de ces exaltés ont sans doute plaidé et travaillé pour l'indépendance de l'Arménie. » (Les derniers massacres d'Arménie, page 21.)

matia. Il y eut dix-huit heures d'épouvante pendant lesquelles la dynamite fit rage; un peu partout les bombes arméniennes lancées par les fenêtres, tombèrent dru sur la tête des soldats, et la musique du Sultan, qui se rendait au palais pour la prière du vendredi, fut particulièrement atteinte.

« Eh bien, quelle est la nation au monde qui n'aurait pas répondu à un pareil attentat par un châtiment exemplaire? Certes, un massacre n'est jamais excusable; et je ne prétends pas absoudre mes amis Turcs, je ne veux qu'atténuer leur faute, comme c'est justice. En temps normal, débonnaires, tolérants à l'excès, doux comme des enfants rêveurs, je sais qu'ils ont des sursauts d'extrême violence, et que parfois des nuages rouges leur passent devant les yeux, mais seulement quand une vieille haine héréditaire, toujours justifiée du reste, se ranime au fond de leur cœur, ou quand la voix du Khalife les appelle à quelque suprême défense de l'Islam » (1).

La réprobation unanime que souleva ce premier acte, se dissipa vite pour faire place à l'horreur de la répression qui fut atroce, il faut en convenir, mais que les meneurs avaient escomptée. Ils savaient qu'un despote jaloux de son autorité sévirait avec la dernière rigueur contre toute atteinte à ses droits souverains; mais en accomplissant ce premier acte, ils ne visaient à rien autre qu'à attirer l'attention du monde sur la question arménienne posée au traité de Berlin, mais non résolue. Et, pour provoquer d'autres représailles encore, les révolutionnaires arméniens organisèrent dans certaines provinces, sous prétexte de venger les victimes de Constantinople, des rébellions à main armée, le pillage des villages turcs, le rapt et l'assassinat avec l'espoir qu'une répression exemplaire apitoierait l'Europe sur le martyre de la nation arménienne et qu'elle interviendrait, enfin, pour réclamer du Sultan la création d'une Arménie indépendante, seul remède à cet état de choses intolérable pour tout le monde.

Mais l'Europe n'intervenant pas, la violence des Comités ne connut plus de limites à son action ni de frein quant aux moyens. Elle s'exerça même contre les Arméniens paisibles, mais riches, par la persuasion, d'abord, par l'intimidation, ensuite, et enfin par l'assassinat. « C'est ainsi, dit le *Livre Jaun* (2) que le prêtre Hampré, les avocats Hatchik et Sebouh, le négociant Apik Ooundjian et le notable Dicran Karageusian furent assassinés en plein jour à Constantinople. Beaucoup d'autres Arméniens, restés froids ou hostiles aux appels des comités, subirent le même sort en province, aussi bien qu'en Amérique où il y a de riches colonies arméniennes. »

Malgré toutes ces horreurs qu'on pourrait appeler familiales, la masse de la population conserva son sang-froid; elle se garda de distraire les

(1) Pierre Loti, *Les massacres arméniens*, p.
(2) Années 1893-1897, Rapport de M. Cambon, ambassadeur de France à Constantinople, en date des 27 mars et 3 juin 1894.

sympathies séculaires qu'elle avait pour les Turcs au profit des perturbateurs qui s'annonçaient pour elle comme des maîtres féroces et intraitables. De pareils moyens de « libération » lui faisaient présager une ère de troubles et appréhender le passage d'une sujétion pacifique à celle d'un gouvernement sanguinaire issu de son propre sein. La perspective était troublante, le mécontentement général; et ceux qui ont vécu dans la familiarité des Arméniens, paysans et citadins, pourraient dire l'indignation, la réprobation unanime de ce peuple paisible qui maudissait les fauteurs de désordres plus qu'elle n'incriminait les auteurs de la répression. A la décharge du peuple turc, tous les témoins du temps ont reconnu que ce n'est pas lui qui se fit l'instrument de cette répression sauvage, mais la corporation des Kurdes qui avaient, en qualité de voisins, en Arménie, quelques comptes arriérés à régler avec les révolutionnaires drochakistes et hintchakistes de leur pays commun. Le peuple turc, lui, fut indigné, au contraire, de la cruauté sanguinaire dont ses dirigeants d'alors menèrent toute cette affaire, mais le despotisme sous lequel il gémissait lui-même ne lui laissait point la ressource de s'insurger, ni même de manifester hautement sa pitié. Cependant combien d'entre les Arméniens trouvèrent un refuge assuré dans les harems inviolables; de cela les révolutionnaires ne parlèrent pas, les agences ne soufflèrent mot, mais à Constantinople, tout le monde le savait; et là, ce n'est pas vers les Turcs que montaient les malédictions. Les ambassades elles-mêmes, après enquête, exonérèrent les Turcs de toute participation à ces crimes monstrueux. Mais médusée alors par la peur de l'Allemagne où Abdul-Hamid avait trouvé un protecteur dans la personne de son empereur, l'Europe se garda d'intervenir en faveur des Arméniens; elle se contenta malheureusement de quelques protestations platoniques, mais insuffisantes à améliorer le sort des populations.

En réalité donc, toute cette tragédie est imputable aux meneurs arméniens alliés et instruments de la politique russe, laquelle fut, à son tour, servie à souhait par le gouvernement réactionnaire d'un Sultan sanguinaire (1). Leur plan ayant échoué, ces meneurs résolurent de s'attaquer eux-mêmes directement à celui que l'Europe était impuissante à détrôner; ils organisèrent contre la vie d'Abdul-Hamid un complot qui avorta (la bombe de Yildiz) ; les criminels échappèrent au châtiment grâce à la protection de l'ambassade de Russie, et cette fois encore les innocents payèrent pour les coupables.

(1) Qui aurait agi de la même façon, avec la même cruauté, à l'égard de n'importe quelle autre nationalité musulmane ou chrétienne de son empire, dans les mêmes circonstances.

Lorsque la population turque d'Erzeroum s'insurgea en 1907 contre le régime despotique d'Abdul-Hamid, et en vue d'une révolution, le Sultan Rouge n'ordonna-t-il pas une répression sanguinaire impitoyable? —

Après ce nouvel échec, les révolutionnaires arméniens inaugurèrent une nouvelle tactique. Il y avait en Europe des Ottomans, des Turcs, qui s'étaient donné pour mission d'abattre le régime du despote; c'était le parti libéral qui constituait une force. On s'adressa à lui pour une action en commun; l'entente fut conclue dans un Congrès tenu à Paris en 1907 avec cette condition expresse qu'ils renonceraient aux moyens anarchistes et qu'on préparerait ensemble un soulèvement national.

Quand survint la révolution de 1908, Turcs et Arméniens fraternisèrent dans le délire d'une joie commune; preuve évidente que les Osmanlis ne confondaient pas les révolutionnaires arméniens, calomniateurs de leur patrie, avec le peuple arménien, et que ce dernier se refusait à imputer aux Turcs la responsabilité du sang versé en 1895-96.

Quelques mois après la proclamation du régime constitutionnel, l'annexion de la Bosnie-Herzégovine par l'Autriche-Hongrie, la proclamation de l'Indépendance bulgare ayant menacé la paix mondiale à cause de la mobilisation russe et de l'attitude prise par l'Allemagne, les Arméniens s'agitèrent alors en se croyant à la veille d'événements décisifs, pour exploiter la situation à leur profit : ce qui amena les malheureux événements d'Adana où le Comité Union et Progrès héritier des procédés d'Abdul-Hamid se couvrit d'opprobre, lui aussi, par une répression farouche.

Après les événements d'Adana, les comités arméniens résolurent de reprendre leur programme qui consistait à élever, coûte que coûte, sur les ruines de la Turquie, une Arménie indépendante. Mais les anciens procédés mis en œuvre par eux : attentats isolés, soulèvements partiels doublés d'une propagande très active prêchant la haine du Turc tant à l'étranger qu'à l'intérieur, toujours à l'abri de leur organisation ecclésiastique et scolaire indépendante à laquelle, malgré ces événements, le gouvernement turc se gardait de porter atteinte; tous ces moyens n'ayant pas donné les résultats espérés, ils changèrent encore une fois de tactique. A ce système, qu'ils n'abolirent pas entièrement afin d'entretenir la main de leurs agents, ils donnèrent un complément plus effectif : l'insurrection générale, mais qu'on médita de provoquer dans un moment opportun et avec l'aide militaire de la Russie préalablement gagnée.

Pour préparer cette insurrection générale, les comités révolutionnaires arméniens, dont le plus actif fut le Dachnak, introduisirent en Turquie les armes modernes les plus perfectionnées, fusils, revolvers, bombes, munitions en quantité grâce à une contrebande qu'il était difficile de réprimer par suite du voisinage de la Russie, et aussi à la faveur de l'accord russo-arménien qui mettait les consulats à leur disposition.

Cet accord auquel nous faisons allusion date de 1912 « Il marque, dit M. René Pinon, un événement capital pour l'histoire de la nationalité arménienne; la réconciliation des Arméniens et de la Russie. L'ambassadeur Tcharykof avait montré dans ses rapports de Constantinople que la question arménienne ne se présentait plus sous le même aspect qu'en 1894-1896, qu'il était donc temps de renoncer à la politique du prince Lobanof pour revenir à celle du traité de San Stefano »; autrement dit, la Russie promet son appui efficace à la cause arménienne en échange du consentement des Arméniens à la domination russe dans les provinces turques peuplées d'Arméniens et de leur collaboration effective.

« Un nouveau gouverneur de Transcaucasie, le prince Vorontzoff-Dachkoff abandonnait délibérément la méthode de russification et inaugurait une politique de confiance et d'amitié vis-à-vis des Arméniens. Cet esprit nouveau amena, dans l'été de 1912, la visite au Tsar Nicolas du chef religieux et politique de tous les Arméniens, le Catholicos, dont la résidence est à Etchmiatzin, en territoire caucasien russe. » (1).

Cette fois, l'alliance est formelle et officiellement proclamée à une époque qui correspond à la veille de la guerre des Balkans.

Durant cette guerre, les Arméniens donnèrent déjà des preuves d'hostilité en procédant à des massacres de Turcs à Andrinople, Rodosto, Malgara, Kechan, sous la direction du fameux brigand arménien Antranik, alors que ceux des provinces asiatiques se contentèrent d'exprimer leur joie des défaites turques, sans recourir toutefois à des actes de violence.

Avec la guerre des Balkans, la question arménienne entra donc dans sa phase la plus aiguë en raison des espoirs encourageants que les défaites turques avaient suscitées dans toutes les cervelles, et la perspective d'une intervention militaire russe à brève échéance en Asie.

M. René Pinon prétend que « chaque fois que les perturbations graves ont agité l'Empire Ottoman, les Arméniens en ont été les victimes. Plus la puissance des Turcs s'est affaiblie, plus ils sont devenus des maîtres intolérants et persécuteurs. » Or, l'exemple de la guerre balkanique est un démenti formel et vivant, entre mille autres, à ces affirmations. Quelles perturbations plus graves cherchera-t-on dans la vie d'un peuple que cette terrible défaite (une défaite humiliante sans exemple dans les annales militaires de ce peuple, et qui coûta la vie à des centaines de milliers de Turcs, abstraction faite de la perte des provinces européennes de la Turquie), sans que le moindre village arménien en Asie fut l'objet de la moindre agression de la part de l'élément turc. Il serait donc plus juste de dire que plus la puissance des Turcs s'est affaiblie par suite d'un double travail, le travail interne des éléments allogènes et le travail externe autrichien et russe, mais surtout russe, plus les sujets non turcs, et notamment les Grecs et les Armé-

---

(1) *La suppression des Arméniens*, par RENÉ PINON.

nient, ont essayé de pêcher en eau trouble et pris une attitude indigne des enfants d'une patrie commune, exception faite, bien entendu de ceux dont l'attitude resta irréprochable.

Après la guerre balkanique les Arméniens attendaient l'heure favorable à une action. Les preuves de leur attitude hostile et de leur préparation abondent; nous reproduisons en annexes quelques documents, entre cent autres, émanant de leurs comités révolutionnaires, relatifs à leur organisation à leur préparation et à leurs méthodes d'action, ainsi qu'un rapport du consul de Russie à Bitlis dont la lecture fera rêver les arménophiles qui donnent au sentiment le pas sur la raison et sur la justice. On verra qu'à la veille de la guerre mondiale, si les relations entre Turcs et Arméniens en étaient arrivées à un état de tension aiguë, ce ne fut pas par le fait des Turcs, mais par la faute des révolutionnaires arméniens. Leur propagande fut si effective que, lorsque la Turquie décréta en 1914 sa mobilisation générale, un grand nombre d'Arméniens ne répondirent pas à l'appel et passèrent en Russie pour s'enrôler, comme volontaires, dans les armées russes; ceux qui demeurèrent en Turquie, exception faite, bien entendu, d'un certain nombre d'entre eux, y organisèrent des régiments dits de « vengeance » prêts à agir au premier signal.

*
* *

Tout était resté calme dans les provinces habitées par des Arméniens jusqu'à la nouvelle de l'approche des Russes, et ce n'est qu'à partir de ce moment que va commencer la terrible tragédie turco-arménienne durant la guerre mondiale. Sans commenter les événements, nous nous en tiendrons à une exposition rapide des faits tels qu'ils ont été rapportés par chacune des parties adverses.

Les Arméniens qui comptaient plusieurs milliers de combattants, ouvrent les hostilités contre les troupes et les gendarmes turcs à Van, Bitlis, Mouche, Kara-Hissari, Charki Zeitoun, Marach et Ourfa, en qualifiant leur agression de « résistance armée ». Ce qu'on baptise « résistance » aux autorités turques qui, prétend-on, cherchaient à désarmer les Arméniens dans le but de les égorger, les Turcs, de leur côté, l'appellent « insurrection générale », une trahison de grande envergure, en vue de faciliter l'invasion de l'ennemi et de livrer le pays aux Russes.

Presque en même temps éclate sur d'autres points du pays une guerre de guérillas organisée toujours par les comités révolutionnaires en vue d'attaquer les convois militaires et de compromettre gravement la défense nationale.

A la suite de cette insurrection, de ces attaques par bandes volantes armées et de la désertion en masse, les troupes turques opérant au Caucase, subissent la défaite de Sari-Kamisch où deux corps d'armée sont anéantis, défaite qui ouvre la voie à l'invasion russe des provinces turques et coûte la vie à des dizaines de milliers de soldats turcs.

Ces événements constituent le premier acte de ce drame; le deuxième commence par les déportations des Arméniens que décrète le gouvernement de Constantinople en se basant sur ces faits; et c'est au cours de ces déportations qu'eurent lieu les excès, les atrocités et les massacres.

Loin de nous la pensée de souscrire à ce système de répression et d'approuver les auteurs de ces monstruosités qui déshonorent l'humanité; au contraire, nous sommes les premiers à demander le châtiment exemplaire de tous les chefs et de tous les subalternes qui ont trempé dans ces tueries, et ce, en plein accord avec les puissances de l'Entente qui déclaraient en 1915 qu'elles étaient résolues, par un engagement solennel, à tenir pour responsable le gouvernement ottoman (1). Que l'on nous permette seulement de faire remarquer que, d'après les témoignages de ceux-là mêmes qui ont décrit et rapporté ces horreurs, celles-ci auraient été surtout l'œuvre d'un plan gouvernemental exécuté par des gendarmes. « Jamais, dit M. H. A. Gibbons (2), *jamais les Turcs, de leur propre initiative, sans l'instigation de l'ordre direct du gouvernement et sans l'aide de la force militaire et de la gendarmerie, n'ont massacré des Arméniens. Donc, puisque cette tentative d'extermination, exécutée à même date sur tous les points de l'Asie-Mineure, révèle un plan systématique, organisé et réglé à Constantinople, nous devons en faire remonter la responsabilité jusqu'aux fonctionnaires du gouvernement central. Les massacres, les déportations des Arméniens, prémédités, minutieusement élaborés, poursuivis sans interruption, d'avril à octobre 1915, doivent avoir été conçus par quelqu'un, ordonnés par quelqu'un et perpétrés pour quelque fin. Conçus par qui? Par qui ordonnés? Perpétrés pour quelle fin?* »

Conçus, sans nul doute, par les aventuriers qui se trouvaient à la tête du

(1) « La France, la Grande-Bretagne et la Russie se sont mises d'accord pour publier la déclaration suivante : »

« Depuis un mois environ la population kurde et turque d'Arménie procède, de connivence et souvent avec l'appui des autorités ottomanes, au massacre des Arméniens. De tels massacres ont eu lieu vers la mi-avril à Erzeroum, Dertchun, Eguine, Bitlis, Monche, Sassoun, Zéïtoun et dans toute la Cilicie. Les habitants d'une centaine de villages des environs de Van ont été tous assassinés, et le quartier arménien est assiégé par les Kurdes. En même temps, à Constantinople, le gouvernement ottoman a sévi contre la population arménienne inoffensive. En présence de ces nouveaux crimes de la Turquie contre l'humanité et la civilisation, les gouvernements alliés font savoir publiquement à la Sublime Porte qu'ils tiendront personnellement responsables des dits crimes tous les membres du gouvernement ottoman, ainsi que ceux de ses agents qui se trouveraient impliqués dans de pareils massacres. »

(2) Les derniers massacres d'Arménie. Page 37.

gouvernement central; ordonnés par eux et par les acolytes du trop fameux Comité Union et Progrès et perpétrés, apparemment et probablement, en vue de châtier les Arméniens. Mais on ne saurait, sans injustice, soutenir que c'est le peuple turc qui a désiré l'extermination du peuple arménien, car, en plus du plan gouvernemental, il faut remarquer tout d'abord que les Turcs, tous les Turcs valides mobilisés, se trouvaient sur les divers fronts qu'ils défendaient : au Caucase, aux Dardanelles, en Mésopotamie, en Palestine, en Syrie, en Perse. Dans cette Anatolie, qui fut le théâtre de ces horreurs, il n'y avait du peuple turc que des vieillards, des femmes et des enfants. Les ordres de Constantinople y étaient transmis par les gouverneurs et sous-gouverneurs à la gendarmerie. Les agents d'exécution étaient donc surtout (sauf peut-être de rares exceptions) des gendarmes. Un grand nombre d'entre eux étaient des émigrés macédoniens récemment installés en Asie-Mineure et qui, dans leur pays d'origine, avaient été témoins des massacres et des atrocités commises par les Bulgares, les Serbes et les Grecs contre les paisibles populations musulmanes pendant la guerre balkanique; ce simple fait ajouté aux ordres reçus d'en haut, expliquerait l'acharnement qu'ils auraient mis à sévir contre ceux qu'on leur désignait comme des traîtres à la patrie. Il conviendrait d'ajouter qu'aux gendarmes se sont probablement joints les principaux meneurs des Clubs de l'Union et Progrès disséminés dans les grands centres d'Anatolie, dans le but de seconder l'œuvre néfaste des dirigeants de Constantinople en dénonçant les Arméniens comme les alliés des Russes.

« Il faut le reconnaître, la justice l'exige, dit un des détracteurs les plus irréductibles du peuple turc, ancien agent russe à Constantinople, connu par ses écrits qui s'inspirent de la haine profonde du Moscov pour son ennemi héréditaire, il faut reconnaître qu'il s'est trouvé des fonctionnaires turcs pour refuser d'exécuter les ordres sanglants de Constantinople et même pour tâcher de les contrecarrer. Ainsi, les gouverneurs de Smyrne, de Bagdad, de Kutahié ont réussi à empêcher tout massacre. La résistance de quelques autres valis a été bien vite brisée, et les ordres de Constantinople ont été exécutés par des fonctionnaires plus dociles à la volonté centrale. Car le gouvernement jeune-turc avait décidé l'extermination de la race arménienne. » (1) On peut supposer qu'aux côtés des fonctionnaires qui n'ont pas voulu obéir aux ordres du gouvernement central et dont parlent même nos ennemis, il s'en est trouvé certainement d'autres qui ont agi de la même façon mais dont la conduite n'a pas pu être reconnue.

Ce deuxième acte de la tragédie fut suivi de représailles de même nature exercées par les Arméniens contre les Turcs. Tandis que les Russes mar-

(1) A. *Mendelstamm* dans *Revue Internationale de Sociologie*, mai-juin 1918, page 282.

chaient vers l'intérieur de l'Anatolie, les Arméniens massacraient une grande partie de la population musulmane qu'ils rencontraient sur leur chemin; le nombre de leurs victimes se chiffrerait, lui aussi, d'après les nouvelles qui nous parviennent du pays, à des centaines de milliers. Leurs atrocités indignèrent à tel point le commandement russe que celui-ci, pour y mettre un terme, dût faire exécuter cinquante des meneurs arméniens lors de la prise d'Erzeroum. Si l'on en croyait certaines informations qui nous arrivent de sources dignes de foi, la trahison et les représailles des Arméniens, ainsi que les crimes de nos propres autorités, auraient causé, en définitive, la mort de plus de Turcs que d'Arméniens.

Une enquête menée par les Alliés serait de nature à faire la lumière sur ce point comme sur tous les autres.

Cependant, nous ne pouvons nous empêcher de faire remarquer que certains indices ne laissent aucun doute sur les raisons intimes de ces fâcheux événements, et sur l'ordre dans lequel eut lieu leur dénouement. Déjà au mois de mai 1915, le journal arménien *Achehadank* paraissant à Van publiait les dépêches officielles suivantes de source russe :

OFFICIEL
DIVISION MILITAIRE
DE
BAYEZID

N° 24

« J'ai le plaisir d'annoncer que les dépêches ci-après ont été envoyées par S. M. l'Empereur et Roi et par le ministère des Affaires Etrangères. »

1° « Communiquez à la population de Van mes remerciements pour son dévouement et mes félicitations. — NICOLAS. »

(L'original de cette dépêche a été signé par l'Empereur).

2° « L'Empereur-Roi ordonne de remercier le gouverneur, l'évêque et la population de Van pour les sentiments qu'ils ont manifesté. — SAZONOFF. »

Au surplus, M. Sazonoff déclarait à la Douma, à sa séance d'ouverture, que « les Arméniens combattaient dans cette guerre avec les Russes contre l'Empire Ottoman. » (Indépendance roumaine, 12 février 1915).

Le langage des journaux et périodiques arméniens, ainsi que les déclarations des chefs arméniens, ne nous semblent pas moins significatifs que les dépêches ci-dessus, sans parler du plan des comités révolutionnaires et de l'évolution du problème arménien avant la guerre mondiale. (Entente russo-arménienne.)

M. Ahrounian, un des délégués arméniens, ne déclarait-il pas récemment encore dans le *Temps* (du 27 février 1919) que : « Les Arméniens, de fait, ont été des belligérants dès les premiers jours de la guerre mondiale, lorsque, repoussant les offres des Turcs, ils se sont rangés du côté des Alliés. » Dans le même numéro, le *Temps* écrivait : « 150.000 d'entre eux (Arméniens) servaient dans les armées russes. D'autres se sont vaillamment sacrifiés dans notre Légion étrangère, et notre Légion d'Orient se composait surtout d'Arméniens. »

Nous ne contestons pas qu'au point de vue des Alliés la conduite des Arméniens puisse être envisagée favorablement, mais un juge impartial ne saurait négliger d'envisager le point de vue des Turcs. Si les Arméniens se déclarent, dès le début, les alliés des Russes, ils se posent, de ce fait, en ennemis des Turcs.

Nous ne pouvons pas non plus passer sous silence le contraste qui existe entre deux déclarations arméniennes contradictoires dont la première soutient l'innocence des Arméniens chaque fois qu'il est question de massacres, et la seconde qui prétend qu'ils sont des belligérants de la première heure ayant droit à siéger à la Conférence de la Paix. Belligérants contre qui? Incontestablement contre les Turcs.

Lequel des deux partis en présence a commencé les hostilités? Voici ce qu'en pense M. René Pinon (1) dont les sympathies vont toutes aux Arméniens, mais à qui le sentiment d'une stricte justice a dicté ce jugement dont tous les arménophiles devraient faire leur profit : « Il est très difficile d'établir exactement les responsabilités. Le premier massacre est-il antérieur à la première résistance, ou inversement? Il est malaisé de le savoir. Les deux séries de faits sont si étroitement liées, ils ont été les uns et les autres si spontanés dans la malheureuse Arménie, que l'histoire ne saurait les séparer. »

Quoi qu'il en soit, la spontanéité de l'attaque arménienne et le nombre des combattants, dénotent incontestablement un programme préparé de longue main en vue d'une occasion favorable. Quant au gouvernement turc, le fait, prétend-il, d'avoir armé les Arméniens pour la défense du pays, prouve surabondamment qu'il ne nourrissait pas contre eux des projets homicides et l'innocente d'une prémédiation coupable. Si on a désarmé les Arméniens après les avoir armés contre l'ennemi de la patrie, comme le soutient le gouvernement turc, il est logique d'admettre que cette mesure ne pouvait être dictée qu'en présence de l'insurrection générale (étiquetée de résistance par les Arméniens) qui compromettait très gravement la défense du pays.

Les déportations ont suivi l'attaque et l'agression arméniennes, et ce qui prouve qu'il en fut ainsi, c'est que, considérant les Arméniens comme les enfants de la patrie commune, on les avait armés comme tout le monde, contre l'ennemi commun. En tous cas, qu'il y ait eu *résistance ou insurrec-*

(1) *Suppression des Arméniens* (René PINON), pages 23-24-25.

tion, le fait d'une attaque armée de grand style des Arméniens contre les Turcs est hors de conteste.

En définitive, et par ce qui précède, on voit qu'il faut distinguer dans cette tragédie turco-arménienne trois actes bien séparés, et cependant en relation étroite les uns avec les autres. Notre but n'est pas de conclure pour ou contre le peuple arménien. IL S'AGIT D'UN REDOUTABLE COMPTE MORAL A RÉGLER ENTRE DEUX PEUPLES QUI TOUS DEUX NE PEUVENT PRÉTENDRE A ÊTRE JUGES ET PARTIES. C'est aux hommes qui endosseront devant l'histoire et devant l'humanité la responsabilité de régler le sort des peuples, qu'incombe ce devoir. Nous, les Turcs, aussi bien que les Arméniens, comme le monde entier, nous avons le devoir d'exiger qu'on ne laisse pas tomber le rideau sur ces événements sanglants, ni enfouir dans les oubliettes du passé, les justes réparations que l'on doit à la mémoire des victimes innocentes et à l'honneur des survivants. Nous faisons appel à tous les hommes de cœur, à tous ceux qui ne reconnaissent que la loi sublime de la conscience, à tous ceux enfin qui aiment la vérité pour elle-même, pour exiger que l'on fasse la lumière, toute la lumière, autour de ce terrible crime de lèse-humanité.

Ce serait non seulement un acte de justice, que les hommes doivent aux hommes, mais encore une leçon morale d'une portée incalculable pour la postérité et pour la paix à venir du monde.

C'est avec confiance que nous attendons le verdict de l'Histoire, persuadés que le peuple turc est innocent du crime de ses dirigeants composés d'une bande sans foi ni loi, qui a sacrifié notre pays à ses mesquines ambitions d'intérêt et d'hégémonie; et convaincus aussi que, tout au long de ce terrible malentendu entre Turcs et Arméniens, il n'y a pas eu d'un côté que des loups, et, de l'autre, des agneaux.

Paris, 28, rue Copernic

Pour les Turcs ententistes résidant en France :

Dr NIHAD RÉCHAD Bey ;
Dr REFIK NEVZAD Bey ;
Commandant GALIB ALI Bey ;
DIRAN EDOUARD Bey, Ancien Consul Général ;
SULEIMAN MIDHAT Bey, Ingénieur-Electricien ;
MEHMED GALIB Bey, ingénieur diplomé de l'Ecole des Ponts et Chaussées de Paris ;
ABDURRAHMAN Bey Pohh.

ANNEXE

DOCUMENTS relatifs à l'organisation des Comités Arméniens, à leurs buts et à leurs méthodes d'action avant et après la guerre actuelle.

Extrait des Instructions dressées par les Comités Révolutionnaires Arméniens en 1910

Au point de vue de l'organisation, chacun d'eux (des villages), organisera un corps spécial et toutes les forces existantes feront partie de ce corps avec leurs armes. Chaque corps sera divisé en deux parties : « Les Sédentaires » et les « Mobiles ». Chaque partie aura un chef et un sous-chef. Dans chaque village, les Sédentaires et les Mobiles (1) choisiront conjointement leur chef parmi les plus expérimentés d'entre eux. Ce chef sera la plus grande autorité du village et toutes les forces de l'endroit seront sous ses ordres. Il sera en même temps le représentant du commandant de la zone et de l'état-major.

Les chefs des villages situés dans une même zone se réuniront et éliront parmi eux un état-major provisoire composé de trois membres. Les jours de combat, l'état-major, ou le commandant de la zone, pourront, sous leur propre responsabilité, retirer les armes à ceux qui ne pourraient pas s'en servir, pour les donner à des plus expérimentés. Les villages qui seraient attaqués par surprise expédieront d'urgence des courriers aux villages voisins pour demander secours. Les Arméniens habitant dans des villages mixtes et qui, étant en minorité, ne peuvent espérer du secours des villages environnants, doivent se rendre tout de suite dans les zones arméniennes en emportant avec eux leurs biens les moins encombrants.

Dans les villages mixtes, où les ennemis sont en minorité par rapport aux Arméniens, on devra garder ses ennemis en otage s'ils ne se sont pas anté-

---

(1) L'existence de cette force de « Mobiles » à côté des « Sédentaires » prouve à l'évidence que le plan des Comités consistait non seulement à résister aux opérations répressives des troupes, mais à entreprendre des attaques contre les villages musulmans et les convois militaires.

rieurement enfuis ou bien les inviter à quitter le village, suivant la ligne de conduite adoptée par eux ou par le gouvernement.

Pendant le combat, les portes des maisons doivent être laissées ouvertes pour recevoir les gens qui fuiraient devant les troupes régulières ou la police. Il faut, en ces circonstances, défendre absolument aux personnes non armées de se trouver dehors. Tout le village est tenu à payer le prix des armes qui tomberaient aux mains de l'ennemi. Les armes prises à l'ennemi appartiennent à celui qui les aura prises.

POUR DONNER L'ASSAUT AUX VILLAGES

Pour donner l'assaut aux villages il faut :

1° Connaître les endroits fortifiés des villages ennemis;

2° Choisir d'avance la ligne de retraite et l'assurer au moyen de sentinelles;

3° Savoir d'où l'ennemi peut recevoir des renforts et l'en empêcher;

4° Donner l'assaut au village seulement de trois côtés, et laisser un côté libre pour que les assiégés puissent s'enfuir. (Si le village est cerné de quatre côtés, l'ennemi se défendant et attaquant avec la force du désespoir, peut compromettre la victoire.) Seulement, dans le côté laissé libre, une partie des assaillants devront se cacher pour serrer de près l'ennemi et lui causer le plus de dommages possibles. Du reste le but de laisser un côté libre est, plutôt que d'assurer la fuite de l'ennemi, de scinder sa force de résistance et hâter ainsi la victoire;

5° Pour troubler l'ennemi, il faut choisir l'aube comme moment de l'assaut. Un assaut qui commencerait plus tôt devrait s'arrêter à cause de l'obscurité, ce qui occasionnerait inutilement des victimes;

6° Pour semer la panique chez l'adversaire, il faut mettre et attiser le feu en plusieurs endroits en même temps. On doit pour cela se munir de tout le nécessaire avant de commencer l'assaut;

7° Si le corps qui va donner l'assaut n'a pas de cavalerie il faudra avoir en réserve quelques chevaux pour transporter les morts et les blessés aux villages arméniens et empêcher ainsi qu'ils ne soient reconnus.

Quelques jours avant l'exécution de l'assaut, des hommes de confiance capables, choisis et nommés par l'état-major, devront être envoyés aux villages, sans faire connaître leur identité; chacun d'eux restera, dans la zone pour laquelle il aura été désigné, autant de temps qu'il faudra et après avoir achevé son enquête, présentera son rapport sur la base duquel se feront les préparatifs de l'attaque.

EXTRAIT DU MÉMOIRE
REMIS PAR LE COMITÉ DACHNAK
AU CONGRÈS SOCIALISTE DE COPENHAGUE EN 1910

«..... Notre organisation est la même dans l'Arménie turque. A Van et à Bitlis, dans ces deux grandes provinces arméniennes, nous avons enrôlé jusqu'en 1908, sous la bannière de notre Comité, les villageois et toute la population saine et robuste pour former des bandes politiques. Ces bandes existent encore, mais leur nombre est naturellement plus restreint.

Jusqu'en 1908, l'activité de notre Comité en Turquie était cachée et ne se manifestait que pendant la nuit. Le jour, les membres du Comité n'osaient pas se montrer dehors, l'armement, les exercices, se faisaient toujours la nuit. Notre activité avait un caractère tout à fait politique et révolutionnaire. Cette même activité continue aujourd'hui dans tous les centres de l'Empire Ottoman, avec cette différence qu'elle se déploie maintenant ouvertement et en plein jour. Dans les autres parties de la Turquie habitée par les Arméniens, nos Comités ont de grandes bandes de révolutionnaires bien organisées. »

RAPPORT DU CONSUL DE RUSSIE A BITLIS
EN DATE DU 3 DÉCEMBRE 1910 (N° 602)

Un fait digne d'attention dans le vilayet de Bitlis, c'est l'activité que déploie constamment dans l'intérieur de cette province le Comité révolutionnaire arménien Tachnakzoutioun (Dachnak), au sujet duquel j'ai l'honneur de communiquer à Votre Excellence les renseignements suivants :

La population arménienne, ignorante, quoique laborieuse, avait ouvertement témoigné, ces derniers temps surtout, une véritable antipathie envers ce Comité dont les affiliés, qui s'affublaient du titre de « sauveurs de la nation » lui avaient fait endurer depuis des années les pires souffrances. En dépit de ce sentiment, le Tachnakzoutioun continue toujours à exister dans le vilayet de Bitlis, et sans toutefois renoncer à ses anciennes visées, se consacre à l'éducation des masses, mettant de côté les armes et attendant tranquillement les événements. Par une métamorphose incompréhensible, les anciens chasseurs d'hommes de la vallée de Mouche, se sont transportés en pédagogues dans les écoles arméniennes de la province. Les chefs des révolutionnaires qui en 1909 et 1910 avaient combattu à Sassoun contre les troupes ottomanes, sont venus à Bitlis en qualité de juges et, sans aucun mandat, sont entrés en négociations, « au nom de la nation », pour trancher les différends existant entre Arméniens.....

Les Comités arméniens ont, jusqu'à présent, très habilement profité de l'ignorance de leur nation. Aujourd'hui, les membres du Tachnakzoutioun à Sassoun, au Sandjak et dans la vallée de Mouche, dans les cazas de Boulanik, Ahlat et Malazguerd et dans la ville de Bitlis, sont au nombre de 100.000.

Le siège de ce Comité aux cent mille membres est à Mouche. Cette organisation est divisée en 20 comités, 100 sous-comités et 8.000 groupes. Conséquemment, chaque groupe comprend de dix à douze membres. Cent à mille Arméniens forment un sous-comité, et mille à cinq mille personnes un comité. Le grand centre du Comité se trouve, à titre permanent à Mouche, et les sections du Tachnakzoutioun dans la ville et dans la vallée de Mouche, dans les cazas de Sassoun, Boulanik et Malazguerd et dans la ville et les environs de Bitlis dépendent de ce centre. Tous ceux qui font partie du Tachnakzoutioun sont tenus de verser mensuellement à la caisse du Comité une cotisation variant entre dix paras et une piastre. On croit que de ce chef, le Comité a, rien que dans le vilayet de Bitlis, un revenu annuel de mille à mille cinq cents livres.

L'argent ainsi ramassé par chaque groupe ou comité est envoyé au Bureau du Tachnakzoutioun pour l'Occident qui se trouve à Genève et qui en dispose conformément aux décisions du Comité supérieur Tachnakiste de Suisse.

Les chefs de comités et sous-comités et les anciens révolutionnaires qui ont combattu contre les troupes ottomanes, ont des revolvers, des fusils système « Moussine » ou « Berdan », et un nombre suffisant de cartouches. Quant aux autres membres du Tachnakzoutioun, ils ont entre leurs mains sept à huit cents fusils de différents systèmes (Gras, Berdan, Martini, Kramnowka, etc.). Sous l'ancien régime ces fusils étaient cachés sous terre dans les villages. Maintenant on les en a fait sortir.

On sent la main du Tachnakzoutioun dans toutes les affaires communales arméniennes des localités où, comme à Mouche, les Tachkanistes ont réussi à accaparer l'administration spirituelle. Le député arménien de Mouche, à la Chambre Ottomane, se soumet entièrement aux ordres des Tachkanistes: dans les tribunaux de Mouche, les juges arméniens n'agissent que d'après les indications du Tachnakzoutioun; enfin, dans la vallée de Mouche, les professeurs et les conseils des Anciens se conforment, *volens nolens*, aux décisions du Comité de Mouche ou de ses représentants, et exécutent leurs ordres.

Quant aux villageois arméniens, bien qu'ils se plaignent de temps en temps aux autorités ottomanes du vilayet, ils ne peuvent se débarrasser des

Tachnakistes, et, tous les autres se font, avec plus ou moins d'hésitation, inscrire dans les listes du Tachnakzoutioun et, sous l'influence de coups et de menaces, donnent une partie du fruit de leur labeur pour des buts qu'ils ne sont même pas en état de comprendre. En supposant que les villageois aient eu autrefois un penchant pour le Comité, il n'en reste plus actuellement.

EXTRAIT DU RAPPORT
ADRESSÉ PAR LE CONSUL DE RUSSIE A BITLIS
A L'AMBASSADE DE RUSSIE A CONSTANTINOPLE
A LA DATE DU 24 DÉCEMBRE 1912 SOUS LE N° 63

L'activité du Comité Tachnakzoutioun est pour beaucoup dans cette exaltation de l'opinion publique arménienne. *Ce Comité travaille opiniâtrement à amener des collisions entre Arméniens et Musulmans afin de mettre à profit le malheur qui pourrait en résulter, pour provoquer une intervention russe et l'occupation du pays par notre armée.*

Les membres de ces Comités se sont réunis, il y a quelque temps, au monastère de « Sourp Carabet », près de Mouche, et, après avoir adopté une décision dans le sens indiqué plus haut, ont désigné un délégué pour le Congrès général qui se tiendra à Genève ou à Constantinople.

Actuellement, les Tachkanistes tâchent de se réhabiliter aux yeux des Arméniens paisibles qui s'étaient détournés d'eux, les accusant d'avoir causé le malheur et la misère de la nation arménienne. *Ils se conforment à leur nouvelle devise qui est, selon leurs propres termes, d'amener ici les Russes.*

L'état actuel des Balkans, la victoire des gouvernements slave et hellénique sur la Turquie, ont surexcité les Arméniens et rempli leur cœur de l'espoir et de la joie d'être délivrés de la Turquie. *Le Comité Tachnakzoutioun, moralement déchu aux yeux de la population calme et paisible, tâche de regagner la confiance des Arméniens et, ainsi que je l'expose plus haut, s'efforce d'amener des chocs entre Arméniens et Kurdes, et, en général, entre Arméniens et Musulmans, pour troubler la situation et créer un prétexte à l'intervention armée de la Russie.*

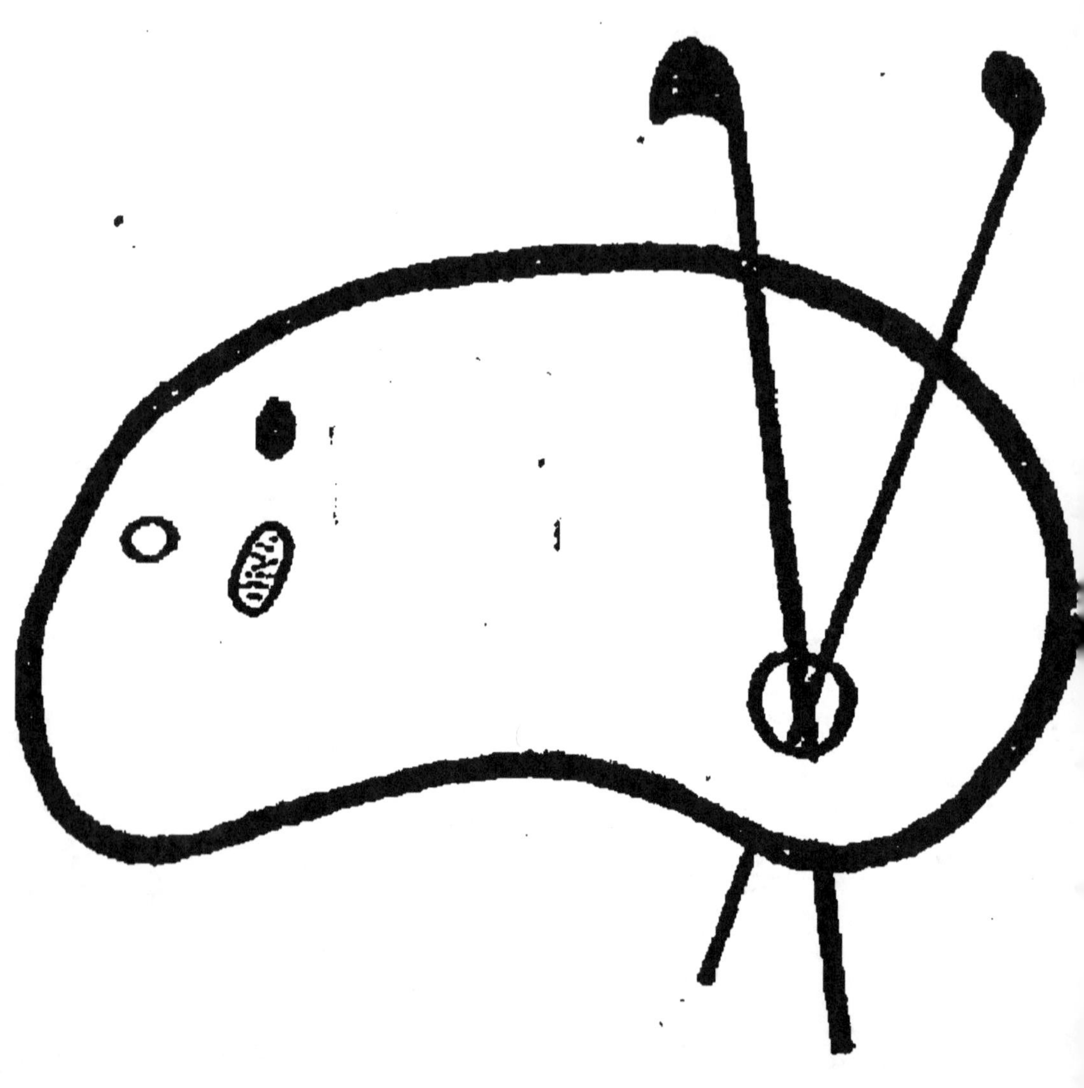

ORIGINAL EN COULEUR
NF Z 43-120-8